a Pato

Ilustraciones: Juan Gedovius

Primera edición, 2005
D.R. © SM de Ediciones, S.A. de C.V., 2005
Magdalena 211, Colonia del Valle, México, D.F., C.P. 03100
www.ediciones-sm.com.mx.

Dirección editorial: Patricia López Zepeda
Coordinación editorial: Rayo Ramírez Álvarez
Edición: Rodolfo Fonseca
Portada: Carlos Palleiro
Diseño de interiores: Asbel Ramírez

ISBN: 970-688-779-2

Miembro de la Cámara Nacional de la Industria Editorial Mexicana.
Registro número 2830.

Impreso en México / *Printed in Mexico*

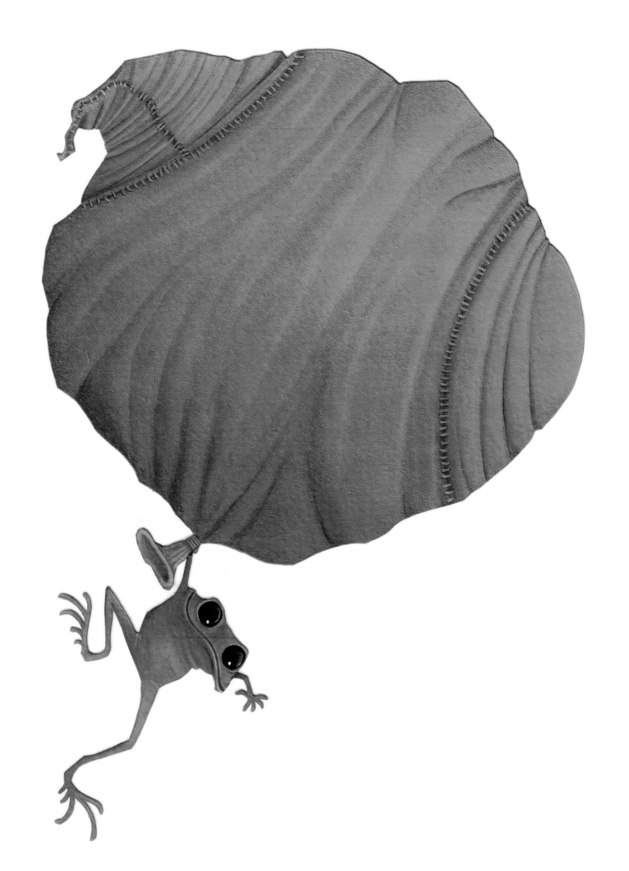

Ríbit
se terminó de imprimir
en noviembre de 2005, en Gráficas Monte Albán,
S.A. de C.V., Fraccionamiento Agroindustrial
La Cruz, El Marqués, C.P. 76240, Querétaro.
En su composición se emplearon los tipos
Times Roman e Italic.